JN410536

얼룩을 읽다

김경숙 시집

김경숙 시집

얼룩을 읽다

지은이 김경숙
펴낸이 최명자

펴낸곳 책펴냄열린시
주소 부산광역시 중구 동광길 11 203호
전화 051 464 8716
출판등록번호 제1999-000002호
출판등록일 1991년 2월 4일

인쇄일 2014년 4월 15일
발행일 2014년 4월 18일

값 10,000원

ISBN 978-89-87458-82-3 03810

「이 도서의 국립중앙도서관 출판시도서목록(CIP)은 서지정보유통지원시스템 홈페이지(http://seoji.nl.go.kr)와 국가자료공동목록시스템(http://www.nl.go.kr/kolis-net)에서 이용하실 수 있습니다.
(CIP제어번호: CIP2014008571)」

제3시선 03

얼룩을 읽다

김경숙 시인은 강원도 화천에서 출생하여 서울에서 성장했습니다. 2007년 《월간문학》신인상으로 등단하였으며 시집으로 『소리들이 건너다』, 『이별 없는 길을 묻다』, 『먼 바다 가까운 산울림』이 있고 산문집으로 『우리시대의 나그네』 외 공저가 있습니다. 〈한국바다문학상〉을 수상하였으며 현재 〈지헌야생화연구소〉 소장으로 있습니다.

mail : kindlysook@hanmail.net

■자서

그림자를 뒤집으니 얼룩이다
햇살 아래 가고 있는 내 표정들 여럿
가뭇없이 물컹하다
허기져 보여도 따뜻하다
숱한 길들 앞에 은밀히 낯이 익다
울컥 까맣다

자궁이 그립고, 양수가 그러하고,
첫울음이 그러하리라

내게 눈물이 되는 얼굴들
色, 受. 想. 行. 識,
그 얼룩을 웃음으로 읽는다

2014년 이른봄, 김경숙

1

2

3

4

1

돼지감자를 캐며

밭둑 사타구니에 숨겨져 있는
흙의 불알을 보네
삽자루 날을 세워 화전 밭을 갈아내어
자식에게 먹일 끼니를 파종하는 것은 발자국
두엄 무게에 휘청거렸을 젊은 아버지
견고한 눈물을 보네

파내도 줄지 않는 돌덩이를 골라내고
가파른 흙먼지에 목이 타는 동안
밭둑 아랫도리에 오남매를 가꾸어 놓고
걸어도 끝이 없던 묵정밭에
뼈와 살을 한 줌 흙으로 바꾼
찬란한 눈물응어리를 보네

칠성무당벌레

짊어진 등짐에다 까맣게
가난한 눈을 빠뜨렸다

아버지 산소 갔다가
광대나물 눈썹 위에서 칼춤 추는 박수무당
우물에 발이 빠져 물만 먹었다

돌무덤을 만들고 빈 지게를 지고 오시다가
소쩍소쩍 염병하다 오살할 년 돌아보며
아버지 입속에다 작대기만 때렸다

굽은 등뼈에 칼금을 쳐대는 흙바람
평생마신 눈물을 땅속에 묻었다
쾅쾅 두르려도 열리지 않는 우물에서
동생을 꺼냈지만, 밤마다 울음이 솟구쳤다

우물을 덮고 봉분 올려 귀를 막았다

손발이 까만 무당벌레
등 기슭에 여태 돌무덤을 쌓고 있었다

억새의 얼굴을 엿보다

상강 무렵 천성산 꼭대기
구부정한 억새밭에 엎드려
울고 있는 얼룩진 바람 낯이 익다

할머니 속곳 지붕 위로 던지며
젊은 아버지가 하얗게 흔들렸다
갓 시집간 고모는 달려와 혼절하고
입대한 삼촌도 가슴을 치며 통곡했다

하관하고 삼우제 지내도록
허옇게 부르튼 입술만 깨물던 아버지
반백이 지나도 밤낮 잔만 비워댔다

봉분에 첫 서리 내리던 늦가을
상석 앞에 엎드려 가슴을 치는 아버지
감나무 뒤에 숨어서
휘어지는 눈물 소리를 들었다

집으로 가자 등을 떠밀어도
아직도 마른 울음만 컥컥 삼켜대고 있는
바람 젖은 억새 얼굴을 엿본다

은행나무의 황금비율

모텔 앞에서 남녀가 뒤엉켜 있다
제 탈이 덜 더럽다고 멱살을 잡고 있다
별 차이 없어 보여 눈을 씻고 돌아서려다가
혹시, 바람이 건너간 잣대가 있을지 모르겠다고
먼발치 전봇대 그늘에서 지켜보기로 했다
컹컹대는 욕설로 핏대를 세우더니 나쁜 년
나쁜 놈이 뒤엉켜 입술이 새까맣게 변했다
한참 지켜보아도 좀처럼 판가름 나지 않았다
암수 서로 떨어져서 바라보아야 은행이 열린다는데
탈을 벗어 나뭇가지에 걸쳐놓고
한 걸음 물러나 보라고 말하고 싶지만
바람이 전하는 말을 잃었다
아침에 닦은 이빨로 물어뜯는 불똥에
두 사람 옷자락이 무탈하기를 바라지만
벗어던져버린 침묵이 돌아오는 내내 추락했다
가로수 은행잎도 그늘을 주지 않으려고
적당한 거리에서 팔랑거리고 있다

당신의 온기를 사랑하였다

귓불에 얼음 든 하루가 저물면
시린 손으로 장작불을 뒤집는다
움츠리고 있던 가마솥이 말문을 트고
아궁이에 모여 앉는 호박고구마
얼었던 창유리가 말캉하게 익는다

두툼한 온기 덤으로 얻은 아랫목
이불 속에 봄꿈을 밀어 넣고
머리맡에 묘법연화경을 펼쳐 놓는다

발꿈치를 들고 온 달빛이
윗목에 앉아 밤새 읽는 불경소리
처마에 기댄 고드름 발끝까지 따뜻하다
돌아눕는 꿈길까지 지극하게
끌어당겨 덮어주는 귀가 밝은 손길

가뭄, 지워보다

멋대로 땡볕을 휘두르던 놈이 샛강을 차츰 먹어 치우기 시작했다

논으로 흐르던 물이 잦아들고 밭고랑에 살던 졸졸 소리 지워진다 물장구치는 아이들 깨 웃음 말라가고 흔하던 개구리 눈물 지워진다 물이랑에 문패를 걸었던 마름이 떠나고 송사리 떼 지워진다 무더기로 살 비비던 버들여뀌 야위어가고 파르르 송장메뚜기 지워진다 채마 밭을 지키던 감자 꽃 떨어지고 땅 속에 알토란 지워진다 담장을 오르던 호박넝쿨 비틀어져 툭, 호박도 지워진다 산비탈 수수밭 주저앉고 목마른 참새 떼 지워지고 오가던 구름들 가뭇없이 지워진다 지켜보던 대문 앞 호두나무 시름시름 부황 들고 등뼈가 허연 논두렁에 경운기 앙상하다 동구 밖 저수지에 삽 자국이 말라가고 삽질하던 아버지 어허 어두워진다 날마다 성황당에 모여 비손으로 밤을 지새는 마을사람 까매지고 눈물

로 빈 아궁이를 데우던 엄니 가슴 허물어진다 양수기는 밤낮으로 꺼이꺼이 열네 살배기 수학여행 꿈마저 지워버리던 그 해,

산 너머
마지막 논배미에서
이름 석 자를 몽땅 지워버리고
할아버지 산소에 풀썩 쓰러져
몇 날을 깜깜해졌던
아버지

지천명 가슴속 무너진 풍경을
아직도 지져대고 있는 화마

아버지라는 이름
—일벌

눈 뜨면 꽃밭을 뒤지고 다녔다
가시덤불 뒤엉킨 낭떠러지나
열길 물을 건너
비바람을 가리지 않았다
꽃가루로 이마를 치장하고
가슴에 독침을 숨기고 다녔다
독수리 날개 젓는 소리를 시늉만 해도
덩치 큰 목련이 겁에 질려
하얘진 낯빛으로 사흘을 버티지 못했다
품고 간 꽃들이 봉분을 이루었다

잠시도 경계를 풀지 않는 일꾼
목청 높여 허공에 으름장을 놓고
사방으로 팔을 휘젓더니
돌 틈에 숨겨진 문으로 들어간다
어린 것들이 몰려와 입을 벌린다
훔쳐온 꽃가루를 건네는 주름투성이 손

땀 절은 팔뚝이 옹알이로 얼룩진다
어미 없이 열두 자식을 키우고 있는 아비

밤마다 담장을 넘어오는 이웃집 달
윗저고리를 풀고 젖을 물린다

대문을 두드리는 짚신나물

짚신에 잘 붙어 다니는 꽃이 왔다
어린 순은 나물로 뜯어가고
키가 크면 모가지 잘라 약으로 쓰고
가을이 오면 뿌리 째 뽑아간다니
서있는 자리가 늘 벼랑끝이겠다

숨어 살 곳이 필요했나
바람 뒷축에 매달려
밟히고 채이며 몇 밤을 걸어왔을까
떨어지지 않으려 얼마나 용을 썼는지
가는 손가락에 피고름이 엉켰다

손톱이 갈고리로 자랐다
무엇이라도 한 번 잡았다 하면
끝까지 놓지 않으려는 손인가보다
기름진 터에 뿌리 내리려고
상처투성이 허공을 독하게 움켜쥐었다

이른 아침 대문 앞을 서성이며
늦둥이 한 번 더 바라보기 위해
누워있던 화전 밭을 버리고 오신 아버지
문고리를 흔들고 있는
뒷산 가시덤불 같은 손등을 보네

보수동 책방 골목에서

돋보기를 걸친 묵은 곰팡이가
문밖으로 고개를 내밀고 반겨주는 골목에서
첫닭이 울기도 전에
젊은 엄마가 샛별을 이고 걸어 나왔다
하루 끼니를 벌기 위해
관절마나 찬바람이 드는 줄도 모르고
정수리에 못이 박히도록
짓무른 발바닥을 끌며 절며

재첩국 사이소
구덕산 비탈마다 웅크리고 칼잠을 자는
낡아 허기로 얼룩진 창에게
뜨끈한 재첩국 한 대접씩 배달해 주었다

엄마 몰래 지폐를 꺼내들고
날마다 책방 구석으로 숨어들었다
백열등 뒤에서 소월과 종일 뒹굴었다

책장에 기대 어린 왕자와 첫 입을 맞추었고
헤밍웨이와 몇 달을 동침하고 돌아왔다
반백이 된 후였다

낯익어 물컹물컹한 골목에서
팔순 엄마를 눈물로 열람 중이다

바람개비

아버지는 바람이었다 하루 이틀도 아니고
연 사흘쯤 사라졌다 돌아오는 날이면
지하 단칸방에 날선 회오리가 일었다
집어 던진 세간이 미닫이를 부쉈다
그때 어머닌 깨어진 어둠을 끌어안고
밤새 거친 눈물을 깁고 계셨다

아버지는 눈물이었다 시도 때도 없이
들판을 쏘다니다 바람에 얻어맞아
집으로 돌아온 날 눈물바람이 일었다
기저귀에 엉켜 붙은 얼룩이 당신 몫인 양
구린내 나는 바람을 삶아 헹구며
날마다 허리가 굽어가던 어머니는
바람을 안고 세검정 가파른 골목마다
새우젓 비린내를 이고 나르면서
머리카락이 소금에 허옇게 절여질 즈음에야
툭하면 깨어지던 미닫이문을 버리고

비로소 방 두 칸짜리 집을 장만했다

아버지 저 세상으로 돌아가신 뒤
삼십 년이 지나도록 그 바람을 못 잊어
달빛 어른거리는 소리에도 창을 열고
어둠에게 안부를 묻는 어머니
아예 뼛속에 바람을 들여놓고
훌훌 날아갈 채비를 하고 있다

빗장을 풀다

잠들지 못하고 걸린 가슴에 강이 흐른다
낡은 목선 하나 뼈와 뼈 사이 떠 있다
물소리가 살점을 허물고 바다로 밀고 간다
온몸을 삐걱거리는 눈물이 고여
정박을 꿈꾸며 녹슬지 않는 닻을 내린다
밀물 시간에 강은 가장 두꺼워진다
모래톱에 수없이 빗장을 치는 물비늘
울먹이면서도 속내를 보이지 않는다
열렸다 싶으면 닫히고 잠겼다 싶으면 열리는
다가가면 멀어지고 돌아서면 다가오는
떠나면서도 아닌 척 눈을 감는 물마루
당신은 언제나 바다 쪽으로 기울고
비린 강물이 늑골처럼 휘어진다
해무를 풀고 수평선 열리는 심장 소리
물결은 비로소 파도가 되어 출렁거린다

꼬리곰탕을 끓이며

회갑연을 위해 소꼬리를 자른다
전기톱이 뼈를 읽을 때마다
잘려나간 비명이 가슴을 베고간다
살 타는 냄새에 숨이 가쁘고

뼛속에서 꽃이 일어난다
피를 말리는 언어가 핀다
눈물로 쓴 유언이어서 붉은 꽃

토막 난 유언을 삶는다
꽃잎 지는 바람소리 걸어 나와
귓속에 떨어지는 말씀이 뜨겁다

찜통에서 울음이 꼬리친다
고향 먼 길 먼저 달려가
반쯤 번진 노을 속에서
외양간 송아지 꼬리가 없다

얼룩을 읽다

강물에 화폭을 펼쳐 놓는 빗방울
온 몸이 붓이다
바람 속을 달려가 부서지는 지문
입술로 그려지는 수면이 붉다
흔들리는 물이랑을 스케치할 때마다
파문으로 잘려나가는 핏빛 손금
비릿한 구름을 채색해 보지만
덧칠되는 허공은 언제나 팍팍하다

어룽지는 낯빛을 마주보는 빗방울
눈물자국은 몇 개 점으로 숨겨둔다
강을홀로 건너시는 아버지
발바닥이 환해지는 물낯
뒤집히는 뒷굽은 목마른 여백이다
젖은 구두를 닦는 아버지 등 뒤에서
늘 유리창을 닦는 엄마
내 몸 얼룩을 읽는다

민들레 오누이

꽃샘바람 가파르게 오가는 안창마을
버스정류장 팻말 아래 쪼그려 앉은
오누이 등 시린 입술이 노랗다
저녁은 먹었을까, 포장마차 흐린 백열등
불빛 껴입은 붕어빵 냄새를 곁눈질한다
마을버스가 올 때마다 고개를 빼 들고
언 손에 입김 불어보는 늦은 밤

엄마는 봄동 파는 홈플러스 야근하러 가고
아빠는 아파트공사장에서 곧바로 대리운전 가고
저물녘 오누이 바람 든 발가락이 누렇다
잠이 든 건 아닐까 다가와 혀를 차는 가로등
발을 구르다 집으로 돌아가는 별빛
산복도로 마지막 버스가 지나쳐 가버리고
엄광산 너머 황사비 득달같이 몰려오는데

*엄광산-부산 서구·부산진구에 걸쳐 소재한 산

자반고등어

참깨 한 됫박 이고 장에 가신 엄마 기다리며
고무줄놀이를 한다, 언니 것을 줄여 만든
헐렁한 치마
구멍 난 속옷이 보일까 봐
맘에도 없는 술래만 했다

해거름이 다되어 돌아오신 엄마
이고 온 보퉁이에는 자반고등어 한 손뿐

울다, 부엌으로 들어서는데
바닥에 앉아 보리밥으로 허기 때우는 엄마
낡은 치마 속에서 얼핏 보고 말았다
아버지 바지 꿰매 입은 속옷 사이
고등어무늬 같이 푸른 거웃

아궁이에 엎드려 매운 연기를 불어대는 고등어
장작불을 뒤집으며 비린내가 익어가고

두레상에 붙어 대가리까지 먹어 치운 뒤
입은 옷 그대로 칼잠에 들면
윗목에서 일곱 식구 헤진 옷을 깁다
웅크리고 잠든 불빛
헤엄쳐가는 비리디 비린 숨비 소리에
짜디짠 눈물바다 퍼렇게 저려져 갔다

점자 읽는 법

당신이 주어인 책
눈을 감고서야 더 잘 읽힌다

아침 식탁에선 웃음으로 넘겼던 페이지가
넥타이를 풀어 던지는 자정쯤에는
난해한 단어들로 손가락이 베인다

헝클어진 발자국을 수정하고
이마에 구겨져 있는 술 냄새를 삭제한다
터지려는 수정체로 주석을 달아
눈물 진하게 밑금 치며
서술되지 못하는 물음표를 괄호 안에 묶어서
새벽 창가에 퇴고해 놓는다

상처로 굳어진 손금 밖에서
자주 오자가 되려는 당신을 읽는다

날선 표지에 얼룩지는 입씨름
정기 배달되는 목차는 날로 우호적이다
두꺼운 지문이 점점 밝아진다
술 냄새를 야근으로 고쳐 읽고
늦은 귀가를 축축한 땀 냄새로 교정한다
익숙한 어법으로 서로의 체온이 티격태격
서술되고 있는 점자 책
들 수 없는 한 질

종점에서 두 시간

싸늘한 플랫폼을 빠져 나와
아픈 눈물들이 뒤엉켜 혼절하는 대합실에서
무궁한 쪽으로 환승하기 위해 지고 온 짐 꾸러미들
하차하는 데 두 시간이면 충분하다고 한다

이별이 동봉되지 않은 사진틀에
검은 리본이 울다 웃다 사선으로 분리되고 있는
동안

무궁한 저 쪽으로 편승하는 차편에서는
타는 불구덩이라도 평안하기를
개찰구 앞에서 입술을 깨무는 시간
무너지려는 계단을 올라
벽을 움켜잡은 시계는 비틀거리는 가슴을 뜯어내며
신음소리만 쏟아내고 있다

지나온 길을 축축하게 복제중인 매표소에서

뼛속까지 켜켜이 뭉쳐 놓았던 짐 꾸러미들
말끔히 내려놓았는지 두 시간을 담금질한 승객은
환하게 웃으며 한줌 재로 발권되었다

밤이 되기 전에
무릉천에 무사히 도착할 수 있겠다

도곡동 65층 창

살 냄새 맞대고 살던
비탈진 산복도로를 허물고
반사광을 쏘아 올려 아파트를 지었다

하늘 가까운 곳에 부귀가 있다고 믿는 곳
흙먼지 풀풀대지 않고
낙숫물 더는 구시렁대지 않는
구정물에 절어 찔끔거리던 운동화도
근사한 높이에서 구멍 난 그림자를 벗어버렸다

참새가 오르다 숨이 차고
아카시아 향기가 오금 저리는 곳
전신주가 우러러보기만 하는
뜬구름 무성한 그 곳

편두통을 앓던 중투무늬 호접난이
불면증에 시달리다

몸져눕더니 들것에 실려 나갔다

소복을 입은 보름달
창문에 조등을 내다 걸고 있다

넥타이를 풀다

엉거주춤 매듭을 푼 목에서
구겨진 사내가 하루를 빠져 나온다

설움도 팍팍해야 제 맛
막무가내 불어오는 바람에
이리저리 맞서다 보면
길이 먼저 휘청댄다

독한 건 술이 아니라
소금물보다 더 목이 타는 밥이라고
한 끼 눈물도 되지 못하는 파도
비릿한 안주머니에서 꺼내놓는다

견고한 수평선을 져 나르는 목덜미에
떠다니는 섬들이 돌아와
저녁상에 마주 앉아 눈빛을 달그락거릴 때까지
검은 갯바위에 간을 맞추며

춤추는 파랑 끝에서 노를 젓는다

만선의 깃발을 향해
저인망을 수선하는 새벽마다
방파제 앞에서 제 목을 단단히 묶는
등 푸른 생선

격문을 쓰다

바람에 운구되는 산길 낙엽처럼
거칠 것 없이 가벼웠으면 좋겠다

다시는 신갈나무 가지 끝에 목 매다는 일 없이
한뎃잠에 변방으로 떠돌던 길
비 오면 개미십 낮은 처마가 되었다가
언 땅에 누운 솔방울도 덮어주고
늦저녁 고라니 순한 배를 채워주는
수북한 밥 한 덩이 될 수 있다면

뼈 속까지 물든 색깔을 지우고
철모나 군화 나침반까지 버리고
지뢰밭 철책선을 탈 없이 건너왔다
얼어붙은 가슴을 녹이며
새벽을 여는 청진항 어부들 발아래
생나무 튀는 장작불에 몸을 던져 넣고
먹빛 심장 함께 타오를 수 있다면

혈서를 남기며 산화하는 별똥별처럼

멸치의 눈

비쩍 마른 대가리에 비늘
똥 창자에 잔뼈까지
온몸을 내어 주던 그녀

지져먹고 볶아먹고 날로 회쳐먹고
국물 내어 우려먹고
고추장에 찍어먹고
소금 쳐서 젓갈 담던

피골이 맞닿아 있는데도
어수룩한 배를 갈랐다
핏물로 얼룩진 자궁 속
탯줄을 감은 채 웅크리고 있는 알

배를 움켜잡은 늑골로 휘어있는 그녀
목이 잘려도 동그랗게 눈 뜨고 있다

2

대나무의자

버려진 시간은 소나무 그늘 속에 있다
관절을 구부려 엮은 대나무의자
오솔길이 돌아간 어두운 숲에서
빛바랜 솔잎 두엇 끌어다가
햇살이 기우는 쪽으로 엎드려있다
눈인사 할 때마다 관절을 삐걱거린다

삭은 거미줄을 어깨에 걸치고
얇은 구름버섯으로 발등을 덮었다
명치끝에 걸린 허공을 가로질러
참새 떼 시린 발을 품고 날아와
깊이 앉았다 가도 모른다
자신을 버린 대나무 터지는 소리가
어둔 벌판에서 새벽을 부른다

내 작은 슬픔에게

슬프다는 것은 때로 거리에서
퉁퉁 불은 젖을 땅에 물리고 있는
새끼 잃은 어미 개를 보는 것이다
눈망울과 눈시울 사이 혹은 혀와 입술 사이
젖꼭지를 찾는 어린 울음이 쌓여
울컥해진 목마름을 해종일 참아내는 일이다

건널목에 얼룩진 한 덩이 주검을 수습하며
흔적을 지워내는 햇살 앞에
잘 가라고 눈 감겨주는 손길을 외면하는 것이다
어금니 새로 부서지는 저릿한 슬픔
말이 되지 못하는 바람들
발목에 걸려 무릎 깨어져도
가던 길을 마저 가야 하는 것이다

슬프다는 건 때로 숲 속에서
저녁 해 돌아가는 긴 그림자에

길 잃은 어린 굴뚝새 울음을 듣는 것이다
작은 풀 등에 기대 파르르 떨며
어둠 앞에 함께 눈물 찍어내는 사이
강물이나 나무들 부고장을 들고
빠른 걸음을 가야하는 바람처럼
낮아지는 저물녘을 견뎌내는 힘이다

달맞이꽃 눈물을 줍다

쌍살벌이 창을 닫아 거는 그믐밤
땅거미가 숲으로 돌아가고
대문 밖에 서서 달을 기다리고 있는
키 작은 달맞이꽃을 본 적이 있다

자정 넘이 돌아오지 않는 구름 속 달
사방에서 두리번거리는 발소리
무서워하는 발바닥을 달래며
꽃등을 켜들고 노래 부르는 여인

길 끝에서 어둠이 덤벙거리고
펄럭이는 땅바닥이 발목을 물어뜯었다
두꺼운 하늘이 점점 납작해지자
등덜미에 몰려온 비명이 함께 울었다

알고 있던 노래를 죄다 부르고
가사를 고쳐 다시 불러도

소름 돋는 곡조를 멈출 수 없다
목소리를 방패삼아 싸우고 있는 여인

입에서 단내가 나는 새벽녘
처진 어깨 들썩이며 우는 달맞이
독한 짝사랑에 가슴이 젖은 꽃
목청 높은 개구리가 위무해 주었다

사라진 시간

엊그제 산수유 꽃이 피는가 싶더니
가지마다 열매가 붉다
왠지 시간을 도둑맞은 기분이다
누가 훔쳐갔을까
심증이 가는 것에 증거를 찾아보기로 한다

개불알꽃 무당개구리 텃밭 낙동강 물안개 낙숫물 별 눈사람 등대
니체 앨런 포 이상 백석 신문 티브이 라디오 문학잡지…

그 많던 시간이 사라지는 것도 모르면서 무엇을 하고 있었는지
눈뜬 부엉이다 헛말하는 바람이다
억울해서 시간을 찾으러 산으로 갔다
황조롱이는 보이지 않고 가시덤불에 눈만 찔렸다
들판에 갔다가 모기떼 습격을 받았다

저녁파도가 가슴을 모조리 허물어버린다
등 뒤에서 별똥별이 웃는다

집으로 돌아와 냉수목욕을 한다
벌거벗은 여자 엉거주춤 거울 속에 서 있다
구석진 눈가에 주름이 모여 울먹인다
떨리는 손으로 미간을 열어 보니
사라졌던 시간이 주르르 흘러내린다

바람의 마임

산그늘 비스듬히 베고 누운 외딴집
검은 비닐봉지 하나가 바람에 몸을 넣는다
대문을 흘끔거리며 햇빛을 입었다 벗었다
빈 마당에서 누구를 기다리는 듯
불룩해진 팔다리로 허공을 굴린다

단숨에 딱총나무로 올라가
한 팔로 매달려 꽃술을 따먹다가
미간을 찡그리고 고요를 토해낸다
흙 묻은 얼굴로 텀블링하는 바람
장끼 소리에 마루 밑으로 들어가
성근 거미줄을 뒤집어쓴다

진종일 마당을 휘젓고 다녀도
줄지 않는 산 그림자
발끝을 세우고 담장을 기웃거리더니
땅바닥에 주저앉아 그림자를 펄럭인다

노을을 끌어당겨 키를 맞춰보다가
문지방에 쪼그려 잠이 든다

꿈 속에서 장에 간 할머니를 만났는지
눈썹을 흩쩍이며 잠꼬대 하고 있다

달집을 태우다

백두산 소나무 숲에서 왔다
만삭이 된 그녀를 위해
지나 마을 사람들이 집을 지었다
큰 소나무 등뼈로 기둥을 세우고
어린 상수리나무 갈비뼈로 서까래를 올린 지붕
비손이 만장으로 춤추는 달집
저녁 아궁이에 군불을 지피면
입술을 깨물며 방으로 들어서는 그녀
둥둥둥, 장구 북 꽹과리 나팔이
담장을 따라 돌며 순산을 발원한다
구름 밖으로 양수가 쏟아지고
기어이 혼절하는 불꽃, 펄럭이는 깃발
예상치 못한 난산이다
타버린 집을 빠져 나온 그녀
미인송을 꼭 빼 닮은 달을 안고 있다

홀씨, 할미꽃

비석도 없는 무덤가에 엎드린 여자
헝클어진 머리카락이 풀리지 않는다
몇 날을 허공에서 울었을까
치맛자락이 짓물러 탈색 되었다
봉분에 쓰러져 흐느끼는 빈 잔
덜 자란 풀이 다가와 허리가 굽었다
흔들리는 어깨를 감싸주는 바람
낯익은 햇살이 발끝을 세우고 지나간다
울음을 움켜 쥔 쑥국새 입술이 하얘
산을 넘어 가던 노을이 돌아와 부서진다
골짝마다 숨은 그늘 뿌리가 저리다
속울음만 삼키는 벌건 하루
비탈진 길이 산마을로 저물면
초승달이 소복을 입고 마루금을 넘는다
머리를 산발한 여자
무덤가에 홀로 지워지고 있다

어둠속에 피는 꽃

다정이 업이라는 집성촌이 있었다
미아리 588번지
형광 빛이 간판을 위장하고 있는
바람이 숨어들기 좋은 뒷골목
붉은 창을 곁눈질하는 눈동자를 유혹한다
문틈에서 시친 향기가 엿보고 있다

윙크하는 체위로 진열된 종이꽃
색을 접어 밤마다 날개옷을 입는다
밤에는 한복 입은 목단이었고
낮에는 비키니를 걸친 장미였다가
저녁 무렵에는 드레스를 벗고 안개가 된다
접히고 구겨지고 찢겨도 눈물 없이
싸구려 향기를 부풀리며 화장을 한다

밤손님은 어떤 색에 입술을 적실까
구미당기는 날개옷을 만들기 위해

일수도장을 찍어 오색 종이다발을 산다
색종이가 서랍 속에 쌓여도
붉은 립스틱이 웃을 뿐
꿈을 쌓던 웃음이 굳어간다
매니큐어에 눈물을 덧바르고
커튼 뒤에서 다시 접어보는 향기
낡은 점선 안에서 신행을 펼친다

진열장 속에서 쇠골이 젖는 종이꽃
형광불빛 속에서
아랫도리가 흥정되고 있다

눈사람

몇 날이나 빙판길을 헤매다 왔는가
머리가 희끗한 쉰 살의 남자
흙투성이 외투를 펄럭이며
무릎이 눈에 묻혀 있네
직장을 잃었는가
한쪽 어깨가 젖어있네
싸락눈이 눈동자를 찔러도
말없이 웃고만 섰네
끼니는 때웠을까
허공에다 빈손만 흔드네
더는 갈 곳이 없는가
우두커니 창 밖에 홀로 저무네
날마다 눈물이 되는 남자
길 한 귀퉁이가 허물어지네

시월 여자

맨발로 논두렁을 걷다가 발가락이 찔렸다
엊그제만 해도 말없이 길을 내어주던 질경이
뜨거운 들길에서 꼿꼿하게 꽃대를 올리고 있다
피맺힌 발바닥이 부끄러워 돌아서려다

보았다, 낡은 치마폭에 쌓여있는
까맣게 겁먹은 어린 눈동자들
허리 숙여 눈 맞춰보니 새끼를 품고
주먹질 해대고 있는 여자

보았다, 지아비도 산파역도 없이
땡볕을 고스란히 덮어쓰고
난산難產으로 길바닥에 뒹굴고 있는
시월 여자를

패랭이꽃 연서

수인선을 따라 고잔역에 가면
눈썹 젖은 그를 만날 수 있으리라
마지막 열차가 서울로 떠나던 날
기적소리는 멀리까지 따라가다 돌아왔다

하루에 두어 번 느낫없이 달려와
뜸부기 울음만 쏟아놓고 달아나는
젖은 기차 바퀴에서
떠나지 못하는 가슴만 길게 무거웠다

웃음 잃은 납작한 별
검은 눈시울 평행선처럼 늙어갔다
불러도 가슴에 와 닿지 못하는 꽃
비틀거리며 도망치는 신음을 맺었다

멍든 노을이 부서지는 빈 정거장
막차가 대합실을 밟고 간다

철길에 흩어진 어둠이 바람을 쏟아낸다
별이 밤새 눈두덩을 닦고 있는 고산역
개찰구 앞에서 손 흔들고 있을

단풍나무 독서

단풍 드는 서가는 나무들 공동묘지
사방 틈마다 박혀있는 책은 유골이다
좁은 책장 속 숨겨둔 숲으로 걸어가
연고없는 주검들이 엉켜있는 무덤에다
술 따르고 손 모아 절을 받든다

형광은 이름 모를 봉분 책갈피쯤 앉아
눈썹 끝에 불 피워 살풀이해주고
바람은 박수 소매 불러 추임새 엮는다
책 표지마다 오색 눈물로 헌화하고
제 살을 저며 향을 사르는 노을
저승 떠도는 유언 한 질 필사한다

어스름에 저장되는 뼛속 붉은 나무들
숨 넘어가는 말씀을 손질해 염하고
쓰다듬고 정리하고 씻어주는 장의사
이승은 입관하는 유품을 어루만지며
단풍나무 독서는 음복하는 사전이다

등대, 꽃불을 낳다

연대기를 알 수 없는 시대부터
자리를 떠나 본 적 없는 꽃
밤마다 바닷가에 꽃을 피운다
누워서 잠든 적 없고
비바람에 흔들린 적 없으며
어느 하루 게으름 피우는 일도 없이
핏발 든 눈을 깜빡이며 꽃잎을 펄럭이고 있다

샛별보다 먼저 저물고
낮달보다 먼저 깨어나
쓸쓸해도 울지 않는 한 송이 꽃

파도가 허물어대는 발등 깁고 기우며
수평선 향하여 밤마다
올 곧은 불꽃을 낳고 있다

솔숲을 걷다

비 갠 뒤 솔숲에 들면
오래된 먹물 냄새가 난다
동쪽 하늘 끌어다가
푸른 농담을 풀어내는 가지 잎잎마다
묵언수행중인 수 만개 글자가 눈을 뜬다
노승이 떠난 길 발자국을 따라
모음과 자음이 입을 연다
줄지어 바람의 키를 넘고 오는 불립문자들
쉬이 읽어낼 수 없는 탁본을 뜬다
긋는 획마다 목탁소리가 번진다
손 짚어 들여다보면 둥치마다
경전 아닌 것 하나 없다
발바닥에 닿은 죽비소리에 합장한 그림자도
까맣게 지문을 찍어낸다

연탄불

몸속에 불꽃을 숨기고 있던 여인과
깊이 눈 맞아 단칸
지하 방에다 살림을 차린 적 있다
때마다 목욕물 데워 씻어주고
보리차 끓여 갈증 풀어놓고
뜨거워진 이불 속에서 밤마다
부끄러워하는 후배위로
열아홉 꽃을 피우자던 그녀
하얗게 재로 남을 줄이야

동굴탐방

흰 종이 위에 까만 점을 찍는다
까만 쪽이 안이다
안으로 스스로 들어가 본다
오래된 석회암 냄새가 몸에 달라붙는다

더듬거리다 슬며시 물러나는 이둠
뒤에 남은 그림자가 허리춤을 잡아끈다
석순이 가리키는 나이테를 따라
물구나무서서 걸어간다

손목시계에 물방울이 떨어져 함께 돈다
투덜대며 쫓아오는 발소리
몸무게가 발바닥을 의심한다
동굴에서는 몸이 눈이다

천 갈래 거꾸로 서는 박쥐 눈
몸 밖으로 나온 적 없는 무덤이다

어둠에 내가 탁본된다
촉수가 일어나 귀를 세운다

바람이 뒷덜미를 잡아챌지 몰라
박쥐와 눈이 맞은 소름이 운다
손사래를 친다 허벅지를 찌른다
다급히 그림자를 불러본다

어둠 쪽에서 달려오는 메아리가
아아, 멍투성이다
어제의 나를 통과하고 보니
밝은 쪽이 바깥이다

근본이란

—미장아빔 mise en abyme

믿었던 도반에게서 근본도 없다는 욕을 먹고
돌아와 저녁을 먹고 커피를 먹고 복숭아를 먹고 소주를 먹고
마늘을 먹고 어둠을 먹고 달을 먹고 족보를 먹고……
독한 눈물 맛에 취해 피를 거꾸로 돌리다가
용케 잠이 들었다

아버지가 댓가지로 종아리를 치고 있다
회초리에서 취한 심줄이 튀었다
사랑방 문틈에 서서 할머니가 혀를 깨문다
할아버지의 할아버지가 아버지의 아버지를 때리고 있다
고조부가 피 묻은 손으로 증조부를 때리고 있다
때리고 때리고 때리고
신줏단지가 깨지고
조상 버린 선산이 무너지고

단군할아버지 동굴에서 피가 흘렀다

눈물 없는 꿈은 용서할 수 없다

주먹밥, 고비를 넘다

아기 주먹밥을 싸서 나들이 간다
말고삐 틀어잡은 밥이
혀가 갈라지는 채찍소리로
그림자 끌고 몽골 사막을 건너간다
거친 모래 속에 객사하는 말울음
낮은 구름이 태풍을 흔든다
젖은 하늘에서 회오리바람이 일어선다
황무지를 점령하는 먼지 속으로
따라와 무릎 꿇고 각혈하는 노을
어스름 모래잔등을 타고
빈속을 달래는 여린 별빛이 흔들린다
허기진 바람이 말발굽을 삼키며 달려온다
허방을 돌아눕는 늑골에서
고비사막 모래알갱이가 쏟아진다
민들레 홀씨처럼 여윈 유목민이
식은 주먹밥 덩어리를 베어 문다
눈물 냄새가 혀끝을 서걱거린다

혓소문

손잡이가 쇠살모사로 장식된 문
비밀번호는 갈라지는 검은 혓바닥이다
꿈틀거리는 숫자를 누르면
끈적한 몇 갈래 안개 길이 손짓한다
창틈으로 비웃음이 들락거리는 방으로 들어간다
비릿한 입술에 젖은 벽이 흘러내리고
솔깃한 말들이 방생된다
얇은 귀가 번식하는 바닥은
누런 입 냄새가 치명적이다
혓바늘 독한 말이 눈동자를 찌른다
사족을 잘라버리는 귓바퀴
소화불량으로 폐 속에서 검은 피가 절룩거린다
물컹거리는 벽에 기둥이 솟아나고
은밀했던 목젖이 열리고 혓말이 뒤엉킨다
부서진 문틈으로
잽싸게 소름 하나 기어 나와
문고리에 붉은 똬리를 틀고 있다

내 얼굴은 세탁 중

밀린 임금을 받지 못해
마이너스통장이 울먹이는 늦저녁
세탁소에서 일주일치 출근이 배달되었다

이만 육천 원 외상으로 단장한
폼알데하이드로 포장된 어지러운 표정들
거울 앞에 요일별로 걸어 놓는데
흔들리는 낯빛이 색색으로 아프다

아무렇게나 벗어 놓은 팔다리가
세탁기 속에서 한바탕 얻어맞아
피멍으로 엉켜있는 밤

축축한 얼굴들이
건조대에 사지를 매달고
주인의 외출을 기다리고 있다

LED 불빛

천 개의 눈으로 감시되는 하우스 안
선잠 든 장미
기침들이 숨지 못하고 포획된다

정수리에 물채찍을 펄럭이며
끈적거리는 입술로 흘러내린다
옷고름 여미는 야윈 손
허벅지 깊숙이 꽃물이 출렁인다

쉰 목으로 짖어대는 달
그림자를 삼킨 등이 허옇게 웃는다
불면을 걷어가는 혈관에서
만개한 핏물이 스며들어 가시 돋는다

헛자란 꽃이라고 목을 자른다
성장통이 사라진 출구 쪽으로

살점이 뒤엉켜 아우성이다
눈을 부릅 뜬 승냥이 떼
눈에 불을 켜고 식탐 중이다

3

빈집

지붕 없는 집 하나가
도깨비바늘 가시에 처마를 매달고
붉은머리오목눈이 체온 한 줌
바스락 바스락 흔들고 있다
마당을 기웃거리던 야윈 햇살
지쳐 돌아가면
빈창에 내려앉는 저녁하늘
추운 창가가 멀리까지 붉었다

저문 어둠이 문고리를 흔들어보는
적막 한 채 불러도 기척 없다
핏빛 얼룩진 하늘을 등지고
비바람 막아준 도깨비바늘 가시를 모아
다비를 치렀다
소복을 걸치고 허공을 걸어가는 연기가
오목눈이 날개를
눈시울 붉은 서녘으로 떠메고 간다

겨울 도서관에 간다

담장 없는 들판 내 집이 아니다
텃밭에 줄지어 모여 앉은 바람
표지가 헤진 잠언서를 펼쳐 놓고
손가락에 입김 불며 밑줄 긋고 있다
시퍼런 책장을 넘길 때마다
책갈피에 첨삭된 햇살이 눈부시다
어린 참새 떼 글 읽는 흉내가
어깨너머 이랑을 펄럭인다

날마다 읽어도 다 깨치지 못할
신간도서 넘쳐나는 벌판
싸락눈 몰려와 책을 뒤엎어도
북풍에 책상이 날아가도
휴관하는 날 없이 열람되는
천만 평 도서관
시들지 않는 눈빛 대출하러간다

마당으로 온 산도라지

무명 보퉁이를 안고 산을 내려온 여자
치맛자락에서 풀물이 하얗게 울었다

마당 구석에 발을 묻은 여자
여린 핏줄로 등뼈에 얼룩을 키웠다

고개를 숙인 채 말이 없는 여자
새벽 별이 멀어지면 눈시울만 파랬다

몇 마장 너머
대문 앞까지 따라와 우는 후투티

쥐고 있던 보퉁이를 풀어내는 여자
가슴에서 보랏빛 나비 떼가 날아 올랐다

곡비哭婢

길섶에서 비는 풀색으로 운다

보호색에 능통한 풀
소맷자락에서 먹구름을 꺼내
주술사처럼 빗방울을 흔든다
빗금으로 주문을 외며
투신하는 빗물과 접신한다

불어터진 목울대에
폭우를 첨색添色하여 울다가
허리가 다시 꺾이는 풀

작달비를 건너야 하는 시간은
잎맥에 필사되는 통곡이고
비둘기가 음미하는 지렁이 심장이다

그늘진 웅덩이에 떠밀려와

땅을 치며 허우적거리는 풀
관자놀이가 시퍼렇다

수면에 방생되어 비틀거리는 눈물
웃자란 달팽이집이 범람하고
낮 두 시 통점이 갈비뼈를 넘는다

만장을 펄럭이며
비의 익사체를 인양하는 풀
송장送狀을 발부해
무지개 목덜미에 걸어주었다

꽃소금

꽃이 되지 못한 바람은 죄다
해벽 끝에 와서 운다

신발 벗어 놓고
갯바위에 엎드려 흐느끼다
불마루를 때리며 통곡한다
바다에 던져 넣은 눈물로
수평선을 하얗게 걸어가는 섬
젖은 가슴에 눈물이 파종되고

물이랑 마다 부서지는 꽃
시린 바람을 뒤집어쓴 바다가
섬 기슭 앙가슴에 몰려와
눈물 마른 꽃다발을 엮고 있다

가을을 간하다

젊은 배추에 칼집을 넣으려고
무릎을 꿇고 칼을 간다
밀고 당길수록 녹물을 우는 칼은
돌 속살을 갉아먹으며 날이 섰다

군침 흘리며 다가가 배추를 겨냥한다
목을 잡은 칼이 이빨을 드러내자
등 퍼런 배추가 칼날을 물었다
순간이다 칼끝에서 켜켜이
노란 입술이 쓰러져 쌓인다

세렝게티* 굶주린 하이에나 포효는
먹을수록 이빨이 날카로워지는데
추격은 또 다른 목표물이 되기에
풀숲에 몸을 정지시킨 표범이
길 잃은 어린 하이에나를 찍었다
목덜미에 칼집을 넣는 초원

늪에 몰려온 핏물이 구미를 당긴다

꽁무니에 불이 붙은 가을 오후가
앞산 뒷산 먹어 치우고 있을 때
입을 열어 배추 간을 본다
칼 맞은 사슬에 숨이 죽었다

*세렝게티 : 탄자니아 서부에서 케냐 남서부에 걸쳐있는 초원

물병자리 별

밤바다에 정박된 한 다발
온몸이 푸른 물꽃이다
오색혈관에서 투명한 파도소리 끓는다
무지개를 타고 물 잔등을 건너는 꽃
미리내를 건져 뱃고동을 방생한다
꿈꾸던 갈매기가 검은 하늘을 넘는다
신발 잃은 등대가 절룩거린다
왼쪽 얼굴에 어둠이 사라진다
수평선에 구부리고 노숙하는

꽃수레, 밤을 수선 중이다

바람꽃 무논에 들다

발바닥 흙을 털어내던 바람이
무논에 발을 들여 놓자
개구리가 고요를 흔든다
물꼬를 튼 산 그림자 물마루에
울음을 산란하는 중이다

논이랑이 물빛 홑청을 펼치면
꽃이불 속에서 어린 물방울이 자랐다
파르르 달려가는 맨발들
양 가슴을 열어 놓은 논배미에
젖을 더듬는 올챙이 입술이 따뜻하다

어미가 무논에서 바람을 꺼냈다
푸른 키를 세우는 울음소리
떨어지는 눈물은 물무늬로 필사한다
빠진 발자국이 출렁거렸다
고요가 메워지고 있다

창, 눈물에 젖다

어디로 가는 길이었을까
어린 딱새 한 마리
못다 편 허공이 죽지에서 흔들리고 있다

여물지 못한 햇살을 저으며
낯익은 이웃집 불빛을 따라
물 한 모금 얻으러 왔을까

하늘과 불빛 사이
견고한 틈을 구분하기엔 아직
어린 봄날

창유리에 부딪쳐
시린 얼룩을 제 얼굴에 덧바르고
바람따라 헛날개짓하고 있다

다 감지 못한 눈자위로

매화매화 무더기
환장하게 붉어오는데

산다화 길목

뒷동산 모퉁이에다
몸뚱이를 버리고 빙판길을 기어서 왔다
언 팔뚝에서 살점이 떨어진다

칠판에 매달려 창밖을 바라보는
교실로 온 산다화를 꽃이라 그렸고
누군가 눈물이라 썼고
누구는 피라고 적었다
눈자위로 꽃이라 썼다가
핏물로 고쳐 읽는 사이
입 속에 든 산그늘이 절룩거린다

산속에 두고 온 동박새를 생각하는가
양팔 사이 홍조 띤 얼굴
흰 눈썹에 여린 봄이 얼비치고 있다

연, 향기에 취하다

따가운 햇살 벗어 놓고
샛길 연못 속에 모여 앉았네

수줍은 살 내음 날리며
기다란 속눈썹 붉게 덧칠하네

치맛자락 바람에 나풀대며
오가는 뭇 사내
바짓가랑이 잡아 끄네

봉긋한 젖가슴
하얗게 방싯대다
넌지시 돌아 앉아

배시시 뒷물치고 있는
저 발칙한
년

주저흔躊躇痕

자작나무 숲에선 눈물향이 난다
부음처럼 눈발로 땅속에 들어간 굼벵이
나무껍질 속에서 7년을 버티더니
울음도 버려야할 생이 있는지
성충으로 자라 그루마다 어룽댄다

애벌레였던 물컹한 미궁을 빠져나와
사선 너머 두리번거리던 벼랑길
암컷 만나 자손 번식할 꿈꾸며
젖은 날개는 핏빛으로 울었다

쓰라린 미로를 걸어나온 말매미
눈물로 엮은 꼬리를 되감아 짝짓기 한다
뼈를 비비며 뒤틀린다
눈먼 육신이 저승에 가 닿았다

겨울 자작나무 숲에서

매미 영혼이 머뭇거리던 이승 흔적
삭풍이 불 때마다
타닥타닥 살타는 향이 난다

과꽃, 빗속에 들다

진종일 비오는 담장에 기대서서
빗소리를 구부려 연주하던 여자
가만히 얇은 어둠을 껴입는다
구름은 무사히 집으로 돌아갔을까
물안개 피어나는 강가에
안단테 스타카토
새들은 젖은 신발을 벗고 있을까
어스름 길을 찾는 알레그로비바체
가로등이 어깨 위에 빗물을 털어낸다
발아래 합창이 오선으로 범람하는 저녁
불빛을 품고 빗줄기가 목청을 세운다
이분음표에 귓등이 짓무른 여자
과꽃, 파란 입술이 저문다
젖은 종아리가 무거운 골목
처마 밑으로 모여드는 추운그림자
낙숫물이 다가와 쉼표를 찍는다

할미꽃을 만나거든

땅바닥에 이마를 대고 입을 맞춰야
수줍은 얼굴을 볼 수 있다
가시덤불에 어깨를 기대고
상처 난 얼굴을 숨기고 있기 때문이다
등에 걸린 노란 하늘
멧새 떼가 하루 종일 잎지르고 있다
무릎에 피멍드는 노을
산마루를 겨우 넘어 가고 있다
어스름을 기어 나와
흘러내리는 입술이 차마 검다
봐라, 백발 귀밑머리 앞에서는
건들바람도 머리를 숙이고 간다

불면을 연주하는 찔레꽃

꽃향기가 달을 삼킨 봄밤
그믐 지나 붉은 오선지를 꺼냈다
첫 음보를 두드려보는 소쩍새
가슴 허문 달이 먹빛으로 변주된다
머뭇거리다 눈시울에 번지는 단조
어긋난 두어 개 음정이 박자를 벗는다
목 쉰 음색은 귓속을 파고든다
검은 시간을 허밍으로 조율하는 꽃잎
흔들리다 젖는 입술은 불면이다
허방을 걷는 호흡이 어둠을 삼킨다
마른 혓바닥이 뜨겁다
달 속에서 찔레꽃을 꺼냈다
핏빛 득음이 봄바람을 지휘하고 있다

섬, 아무래도

짐짓 시치미를 떼며
애무하듯 품속에 바다를 안고 가
수평선 아래채에 울타리를 치고 사는
사타구니가 젖은 청맹과니들
뒤태가 수상쩍다

물무늬 절창을 이마에 걸고
몽담夢譚 꽃을 허리에 피운 채
콧노래를 연신 불어대는 도톰한 입술
수면을 핥아대고 끈적끈적 혓바닥이 가렵다

작달비 몰려오는 날엔
한사코 엉겨 붙어
발버둥치는 안개 틈으로 쏟아내는
비릿하고 진득진득한 수음
살 냄새가 요상한 뭇 섬들
쉿, 철벅철벅 낮거리 중이다

주상절리에 갇히다

눈 내리는 서귀포 늦은 밤
주상절리에 바람 한 접시 썰어 놓고
바닷물을 삭혀 잔을 채운다
비릿한 어둠이 취한 술병을 쓰러뜨린다
독한 바람이 등대불을 마신다

언 입술에서 눈물이 녹아내린다
뱃고동이 부서져 하얗게 흩어지고
방파제 너머 물마루가 쓰러진다
섬을 토하는 등대
비틀거리던 파도가 눈 속에 몸을 던진다

환한 아우성이 항구에 정박한다
바다 가장자리에 층층이 눈물 뼈가 돋고
눈발이 수평선에 눕는다
설설 바위틈에 밤, 중심이 사라지고
헝크러진 뉴 한껏 취하고 있다

을숙도에서

강은 온몸이 거울이다
부딪히면 금이 간다

가슴에 굽이굽이 하늘을 들여 놓고
땡볕에 눈 찔리면서
갈대 숲 깊은 곳에 은밀하게
물총새를 낳아 기른다
폭우에 엎어져 깨어지던 무릎과
살얼음 아래 어린 연어 다독이느라
하얗게 허리가 굽은 강은 울컥
저물녘 솔바람에도 자주 금이 갔다

다리에 등이 켜지는 을숙도
소금물에 온몸을 절인 후에도
몰래 꽃을 피워내는 갈대는
숨찬 붉은 노을을 귀로 쓸어내고 있다

4

그리움을 맛보다

달포 갓 넘은 댓 마리 강아지
이웃에게 분양했다 그냥
텃밭에서 뽑아온 쪽파 한 단과
돌담장 위 애호박 두덩이
흙투성이 감자 한 봉지
낯익은 목소리 암탉 한 마리
개 값이야 되겠느냐면서 하나같이
자식 같은 눈빛을 놓고 갔다

푸짐하게 차려진 저녁밥상 앞에서
숟가락 재촉해 후딱 상을 물린 뒤에야
젓가락질 어렵다던 며느리 빈자리
허전한 속을 채우고 바라보는 창밖에
아끼던 밥그릇 밀쳐놓고
불어터진 젖꼭지를 연신 땅에 물리며
피멍으로 얼룩져있는 어미
새끼 잃은 눈빛과 마주쳤다

젊은 개구리

초여름 밤이 짧다고 창을 때리며 운다

속살 꽈악 꽉 안고 싶어 눈치 없이 운다

등 잔등 울룩불룩 거리며 발기되어 운다

때 없이 꼴린다고 꼴꼴꼴 대책 없이 운다

미친 듯
실성한 듯
하 고 시 퍼 하 고 시 퍼
환장하게 울고분다

마네킹 봄꽃을 세일하다

거울 속을 걷는 여자
팔등신에 신상을 걸치고도 웃지 않는다
입춘보다 먼저 털외투를 벗어놓으면
주머니에서 탱자가시가 펑펑 쏟아졌다

꽃무늬를 살짝 구겨서 보여주는 단추
소맷자락에서 호랑지빠귀가 운다
휘-이 휘-이
색깔 바람 든 스란치마가 짧아졌다

생강나무 꽃보다 한발 앞서 배달되는 옷
스카프에 봄 햇살이 꼬물거린
젖가슴을 다독이는 나비 브로치
비스듬히 꽂은 핀이 살점을 삼키고 있을 때
블라우스 자락에서 길이 얼룩졌다

정기세일로 계절 나누는 이른 봄

바코드에 몸을 구겨 넣는 여자
환절기를 눈높이로 디자인 한다
녹아내리는 표정들 박음질하고
거울 뒤켠에 심장을 걸어놓는다

부러운 눈빛들이 갈비뼈에 실금 긋고
가시광선 몰려와 거울이 부서졌다
눈물을 보이지 않는 여자
걸음 멈추어도 그림자만 바쁘다

안녕하신가, 동백

첫눈을 살점으로 읽는 아침
만삭인 동백나무가 당도하고
막사발을 꺼내 찻물을 끓인다

첫 잔은 눈먼 동박새에게
한잔은 얼굴을 패러디하는 거울, 웃음을 사유하는 가족사진, 환류로 사는 벽시계, 묘혈처럼 빛나는 컴퓨터, 불립문자로 구겨진 종이컵, 고집불통 백과사전, 지문을 파먹으며 아이러니를 필사하는 연필, 외박을 꿈꾸는 지우개, 나체로 서 있는 눈사람에
그리고 반쯤 표정을 들킨 커튼에, 맹맹하게 우는 창틀, 은유로 목매다는 소낙비, 풍자로 기생하는 매미, 기호마다 아스피린을 처방하는 노을, 흉몽으로 뒤척이는 샛별, 퇴고의 물꼬를 틔워주던 눈물에
고봉으로 찻물을 건넨다

실핏줄마다 물소리가 끓는다

꽃잎 삼킨 입술이 따스하다
모근에 침을 발라 무정란 언어를 수정한다
산란하는 원고지에 눈꽃이 핀다
마지막 잔은 나를 따른다

토끼풀 사랑

낯선 길로 나설 때마다 기꺼이
함께 징표가 되어 주던 꽃
바람한테 꽃잎 엮는 법 배웠는지 몰라도
꽃반지를 만들어 주기도 하고
꽃시계를 받기도 처음

첫봄을 만나 여행을 하고
첫 키스를 하고
첫아이를 낳고
사돈을 만나 손자도 보고
하얀 웃음도 꽃으로 피어났다

인연따라 이파리 분가한 손목 잘린 징표들
손금 들여다보면 상처 아닌 꽃이 있느냐
한 걸음 물러서서 보면
사랑하는 꽃이란 죄다 눈이 멀어
멀리 온 이쯤에서 더 환해지는 꽃

꽃바구니

생일아침 꽃바구니가 배달되어 왔다
허리가 잘려 웅크리고 있는 꽃다발
식탁 가운데 올려놓았다
모여 앉은 밥그릇 곁에 입술이 새파랗다

바구니 목덜미에 기대 웃는 꽃
남은 눈물을 삼키며 숟가락 든다
밤낮으로 들여다보며
생수 적신 손수건으로 입술을 축여주고
다친 허리에 붕대를 감아주었다

생장액을 발라주어도
여린 꽃봉오리 눈도 채 뜨지 못한다
바라보다 눈곱이 먼저 짓무른다
밥을 먹을 때마다 비린내가 씹힌다

떠나는 인사 무어라 전해야 하는가

꽃잎이 울다 지쳐 바닥으로 떨어졌다
누가 목마른 유언을 들을 수 있는가
수저를 놓고 꽃의 향기를 수습해
땅에 묻고 봉분을 만들어 주었다
한나절 뻐꾸기가 울고 있다

눈물무늬 찻잔

뼈가 녹아드는 불꽃 속에서
산고를 치른 흙이 잉태한
하늘을 닮은 자궁, 그
속에는 장대비 뒤집어 쓴 수면에
구부정한 팔 다리를 접어 넣고
숨 고른 몸을 풀어내는
빛나는 한 생이 있다

뻘에서 연뿌리를 캐내고 있는, 그
속에는 흙투성이 리어카를 밀고 끌고
뉘엿뉘엿 저무는 노부부
물레질하듯 평생 오일장을 오가며
부르튼 발자국을 찍어내던 옹이 박힌 시간이
글썽이는 풍경 안에 양수를 우려내고 있다

눈으로 다가설 수 없는 향기가
침묵과 침묵 사이에 다리를 놓고

엄동설한 불꽃 지문을 따라
연꽃을 피우고 있는
자궁 속 눈물무늬를 마신다

봄, 연곡사에서

녹차를 끓여 다완에 새벽을 따르자
다관 부리에서 범종이 울었다
잔설을 털어내는 명부전 지붕
찻물의 과녁이 깊어졌다
여린 샛별이 승탑을 통과한다
서둘러 산문을 열어 놓는 종소리
합장한 바람이 능선을 깨운다
눈뜬 나뭇잎은 죄다 작설이 되어 지저귀고
시린 계곡마다 찻잎이 돋아난다
빈 찻잔이 불무장등을 마신다
새벽 물소리로 깨어나는 지리산
젖가슴이 통째로 향긋하다

매발톱 꽃말을 엿보다

사월, 어쩌자고 돌확에 얼음이 얼었다
조간신문을 가지러 가는 눈썹이 시리고
길이 발바닥을 바스락거린다
손 흔드는 샛별 이마가 파랗다
무당거미가 겉옷을 껴입는다

신문을 펼치자 쏟아지는 폭설에 갇히는 활자들
따라 들어온 햇살이 아랫목에 앉아 언발을 녹인다
창을 두드리는 바람 손등에 눈물이 들었다

무릎까지 쌓인 눈을 덮어쓰고
사랑은 오래 견뎌야 하는 법이라고
어리석은 매발톱 저희끼리 속닥거린다
밤새 눈길을 걸어온 봄
입김을 녹이던 볼이 빨갛게 웃고 있다

해당화에게

갯바위에 기대서 소나기 온통 맞고 있다
이름이야 모르면 어때
눈두덩이 붉으니 눈물꽃이라 하자
물거미 건너온 발등이 부어있구나

피눈물쯤 흘리면 어때
신새벽 젖은 어깨를 털어내며
시린 바다에 눈 맞추고
떠나간 바람 같은 거 기다리는 여인
파도소리 덮어쓰고 한바탕 울면 어때
산기슭 데려간 모래알 잊지 못하겠다고
눈물 같은 거 묻지 않기로 하자

펄럭이는 수평선 가슴에 품은 여자
우리 서로 젖는 눈빛 모르면 어때

카네이션을 마주하다

딸이 꽂아준 카네이션을 달고
눈물이 된 거울 속에 들어가
유년을 닦아주던 꽃을 만났다

꽃 앞에 서서 웃으면
눈꺼풀 얇은 여자가 마주 보며 운다

젖은 입술을 깨물며
처진 어깨를 훌쩍이는 입 냄새
손등에 돋는 검버섯 하며
겹 눈매까지 영락없이 친정엄마다
어금니에서 새어나오는 신음소리
울먹이는 아랫눈썹 겨우 가누며
볼록하게 번지는 꽃잎을 열고 입 맞춘다
눈물이 묵은 눈물을 어루만진다
흠뻑 젖으니 얼룩이 사라졌다
가슴에 꽃 멍달이 눈시울 붉다

거울 뒤편 얼룩 한 다발
마주서서 웃고 있다

이웃집은 무허가다

며칠 집을 비운 사이 이웃이 생겼다
직업은 목수라 했다
얼핏 보아도 식솔이 꽤 많았는데
온 가족이 팔을 걷어붙이고 잉잉 붕붕
손발을 맞추며 서까래를 얹었다
설계도는 볼 수 없었지만
밀랍에 침을 반죽해 벽을 만들고
창이 없는 걸로 봐서 죄다 밀실이다
틈 하나 없이 미장을 하고 벽지를 바르더니
금덩이라도 숨겨둘 심산인가
오각형 복도를 따라
서로 이마를 맞댄 방마다 알을 낳았다

집안이 궁금해 나뭇가지를 기웃거려보는데
문패도 달지 않고 집들이 초청장이 왔다

얼룩무늬 갑옷을 입은 쌍살벌

창으로 무장한 장정들이 문을 지키고 섰다
눈을 찌를 태세다
대열을 맞춘 군홧발 소리에 오금이 저렸다
황금 옷을 걸쳐 입은 안주인이
들어오라고 자꾸 날갯짓을 했지만
서둘러 눈인사만 하고 뒷걸음으로 돌아 왔다
대문 옆에 발자국이 패였다

당장 무허가로 신고하라고들 하지만
그래도 우리 이웃인데
이래저래 잠을 뒤척이는 꿈에
여왕벌이 되어 오각 황실을 지켰다

사과나무 장작

누가 나를 끓게 해줬으면 좋겠다
한 번만이라도 혼이 빠진 채
늑골이 녹아내리도록
눈물이 바삭 졸아지도록
화끈하게 탔으면 좋겠다
상처로 굳은 옹이가 깊을수록
불꽃은 더욱 뜨겁게 몰아친다
뼛속까지 태우고서야
상처 난 나이테에 불꽃이 핀다
아궁이 앞에 쭈그리고 앉은 어둠이
고래 속으로 불씨 하나 던진다
잉걸불 한번 피워보지 못하고
제대로 숯덩이로 부서져보지도 못하고
관절이 꺾인 채 탐하던 바람
불타라 눈빛 속으로
번들거리는 입김을 불어 넣는다

쥐눈이를 훔쳐오다

경주동궁식물원에 갔다가
두근거리는 심장을 묶어 놓고 슬쩍
붉은 쥐 한 마리 꺾어왔다

책상서랍 속에 숨겨 두고
몰래 서랍을 열어 볼 때마나
졸아드는 심장소리를 골라냈다
눈알이 점점 붉어졌다
달그락거리던 쥐는 보이지 않고
모아 둔 동전이 없어졌다
인감도장이 사라졌다
여권과 수첩 만년필도 보이지 않는다
벽에 목을 매단 거울이 울고 있다

텅 빈 서랍 속에서
훔쳐온 검은 쥐눈이 앓고 있다

혼자 흔들리다

자정 넘도록 휴대폰은 눈썹 하나
까딱 않는데 폴더를 여닫던 지문이 글썽인다

빈창이 나를 침묵으로 읽고 있다
어둠 깊숙이 얼룩지는 낯선 고요
무방비 상태에서 표정을 스캐닝한다
수천 개 모니터가 뇌를 포스팅한다

스마트한 블랙커피가 식어가는 배경
초기화면에 엉거주춤 내가 읽힌다
페르소나 아바타 뭉크가 복사된다

"좋아요 멋져요 기뻐요
 눈물은 전송되지 않습니다"

불면에도 연신 웃고 있는 이모티콘
수신되지 못한 입술로 돌아와 투신한다

"안녕하십니까"

커피 방울 하나 가슴에 방점을 찍는다

겨울비를 덧칠하다

함박눈이 채색해 놓은 풍경
연대기를 알 수 없는 빗금으로
캐리커처 하듯 수묵화를 그린다

빙점을 풀어낸 눈두덩을 스케치하면
눈동자 안으로 빛이 모여든다

농담도 지나치면 상처가 되는지
눈자위에 갇혀있는 얼굴
빗줄기 펄럭이는 여백이다

울먹이며 덧칠하는 붓끝에서
눈부처 손가락에 가시를 뽑는다
필력을 읽어내는 바람이 웅숭깊다

겨울 비가 집대성한 화폭에
동백이 피는 날
한 마리 동박새 낙관을 찍는다

지하철에 흔들리다

지금은 흙의 등뼈를 통과하는 중

차창에 왠지 낯선 얼굴이
푸석

마주쳐 놀란 눈빛이
흠칫

머리를 쓸어올리는 손등이
들숨을 고르지 못하는 입술이
붉어진 귓볼을 훔쳐
바삐 사라지는 상봉역 불빛이

덜커덕 덜커덕

발문

눈물과 얼룩 지우기

강영환

눈물과 얼룩 지우기

강 영 환

1.

시는 현실을 반영한다. 시에 나타난 현실은 시인이 지나온 삶의 총체적 구현이다. 시인이 간직한 현실은 드러난 것도 있고 숨겨진 것도 있다. 시는 드러나 있는 것보다 숨겨진 현실을 드러내는 과정이다. 과거의 숱한 경험들과 지식들이 이뤄낸 지성과 인식의 깊이가 현재에 나타난 모습이 시다. 시인이 쓴 한 줄 이미지에도 고뇌하는 의미와 삶의 흔적이 들게 마련이다. 그것은 시인이 세상과 조우하거나 대응하는 방식이다. 그가 어떻게 살아왔고 지금 어떻게 살아가고 있는 것인지를 시가 보여 준다. 시인은 다른 말로 변명하지 않는다. 모든 것을 시로써 말할 뿐이다. 주관적 체험을 객관화하여 공감의 폭을 넓히려 하는 것이 문자화인 것이다. 그래서 시인은 자신의 시에 책임을 지게 된다.

김경숙은 삶을 시적 삶으로 치환할 줄 아는 서정시를 쓴다. 일상 속에서 김경숙은 밝고 따뜻하고 소탈하다. 자연의 법칙에 순응하려는 태도가 시인을 밝게 만들었다고 생각한다. 그녀는 늘 긍정적인 생각으로 뭉쳐져 있고 단단하다. 작은 체구에서 뿜어져 나오는 에너지가 곁에 사람들에게 좋은 아우라를 제공해 즐거운 시간과 공간을 만들어낸다. 늘 웃고 다니는 그녀 모습에서 생활에 달관한 태도를 읽을 수 있다. 긍정과 웃음이 표면에 드러날 수 있는 것은 내면에서의 치열한 자기 검증이 있었기에 가능한 일이 아닌가 여겨진다. 자기 검증의 방법론은 그녀가 써내는 시에 있다는 생각을 해본다. 실상 그녀의 시에 드러난 세계는 일상에서의 그것과는 크게 다름을 느낀다.

김경숙 시인의 이번 시집에는 핵심적인 두 낱말이 있다. 눈물과 얼룩이다. 얼룩은 어쩌면 눈물이 말라 남은 흔적일 수도 있으니 결국 김 시인이 안고 있는 알레고리는 눈물, 즉 슬픔이라는 것으로 집약된다. 겉으로 보기에는 행복해 보이고 밝고 따뜻하고 명랑 쾌활한 그녀에게 눈물이라는 건 아무래도 어울리지 않아 보인다. 그러나 그녀의 살아온 내면에 풀어내지 못한 응어리 같은 것을 감지한다면 충분히 이해 가능할 것이다.

밭둑 사타구니에 숨겨져 있는
흙의 불알을 보네
삽자루 날을 세워 화전 밭을 갈아내어
자식에게 먹일 끼니를 파종하는 젖은 발자국
두엄 무게에 휘청거렸을 젊은 아버지
견고한 눈물을 보네

파내도 줄지 않는 돌덩이를 골라내고
가파른 흙먼지에 목이 타는 동안
밭둑 아랫도리에 오남매를 가꾸어 놓고
걸어도 끝이 없던 묵정밭에
뼈와 살을 한 줌 흙으로 바꾼
찬란한 눈물응어리를 보네

–「돼지감자를 캐며」 전문

김 시인이 매어있는 눈물에 대한 뿌리를 위 시에서 찾고자 한다. 화자는 돼지감자를 캐며 오남매를 먹여 살리기 위해 힘겹게 화전에 매달려야 했던 젊은 아버지가 있는 가난한 유년을 떠올린다. 돼지감자는 넉넉한 집에서는 먹지 않고 돼지 사료로나 쓰던 궁핍의 상징물이었다. 주어진 가난의 고통은 쓰린 눈물을 안고 있고 아무리 노력해도 벗어날 수가 없다. 죽을 고생으로 일구어놓은 밭에서 겨우 끼니를 해결할 수 있었고, 지게에 두엄을 싣고 일어 설 때 휘청거렸을 연약한 가장을 생각할 때마다 눈물은 벗어나지 못하는 견고한 성채가 되어 갔다. 가난한 아버지를 두었기에 스스로는 벗어날 수 없는 슬픔이며, 대물림되는 가난 속에서 운명처럼 받아들이는 화자를 통해 시인의 진정성이 드러난다. 그 진정성이란 슬픔의 뿌리가 되는 가난한 아버지의 존재가 세상을 대하는 방식을 슬프게 만든다는 것이다. 다른 작품에서도 아버지는 슬픔의 뿌리로 엮여진다. 어머니의 눈물로 전이되는 과정에서 자식들이 지켜보며 겪어야 했던 아픔은 지워지지 않는 얼룩으로 남게 되었다.

아버지는 바람이었다 하루 이틀도 아니고
연 사흘쯤 사라졌다 돌아오는 날이면
지하 단칸방에 날선 회오리가 일었다
집어 던진 세간이 미닫이를 부쉈다
그때 어머닌 깨어진 어둠을 끌어안고
밤새 거친 눈물을 깁고 계셨다

아버지는 눈물이었다 시도 때도 없이
들판을 쏘다니다 바람에 얻어맞아
집으로 돌아온 날 눈물바람이 일었다
기저귀에 엉켜 붙은 얼룩이 당신 몫인 양
구린내 나는 바람을 삶아 헹구며
날마다 허리가 굽어가던 어머니는
바람을 안고 세검정 가파른 골목마다
새우젓 비린내를 이고 나르면서
머리카락이 소금에 허옇게 절여질 즈음에야
툭하면 깨어지던 미닫이문을 버리고
비로소 방 두 칸짜리 집을 장만했다

아버지 저 세상으로 돌아가신 뒤

삼십 년이 지나도록 그 바람을 못 잊어
달빛 어른거리는 소리에도 창을 열고
어둠에게 안부를 묻는 어머니
아예 뼛속에 바람을 들여놓고
훌훌 날아갈 채비를 하고 있다

–「바람개비」 전문

한 가족사가 고스란히 담긴 서사구조를 띤 작품이다. 설명이 필요 없지만 이 시에서 아버지가 눈물이라면 어머니는 그 눈물이 남긴 얼룩이라고 인식된다. 가사에는 전혀 신경 쓰지 않고 바람처럼 훌쩍 사라졌다 다시 나타나곤 하는 아버지, 오랜만에 돌아오는 날이면 어김없이 세간을 부셔놓기도 하고 억하심정을 토해 어머니를 힘들게 한다. 그러나 어머니는 스스로 '눈물을 깁' 고 참내하는 삶을 이어간다. 아버지는 눈물을 흘리는 주체가 아니라 눈물을 흘리게끔 만드는 객체였다. 어머니는 아이를 키우고 새우젓을 이고나가 팔아서 생계를 꾸려야하는 고된 노동 속에서도 남편을 원망하지 않고 도리어 집안을 일으켜 세운다. 어머니는 아버지가 죽은 뒤에도 못 잊고 어둠 속에 흐르는 바람에게 바람의 안부를 묻곤 하는 전형적이 우리네 어머니 상이다. 그것이 시적화자에겐 슬프게 읽혀진다. 이 가족사에서 눈물은 아이들 몫이었다. 아이는 성장한 뒤에도 눈물 응어리를 풀어내지 못한다.

김 시인이 아버지가 남기고 간 눈물을 쓸 수 있는 건 아버지로부터 벗어났다는 걸 의미하기도 한다. 아버지에 대한 감정과 함께 슬픔을 말해도 된다는 의미다. 아버지에 대한 슬픔의 느낌은 어머니를 통해서 오는 감정이다. 어머니의 슬픔이 바로 시적 화자의 슬픔으로 전이되어 나타난다.

정말로 깊은 슬픔에 빠져 들 때는 정작 슬픔을 말할 수 없다. 그 짙은 슬픔이 지나고 난 뒤 남는 슬픔의 근원이야말로 빛나는 보석이며 최후에 남는 에스프리다. 그녀에게 그것은 곧 시다. 시인이 현실에서 밝은 웃음을 웃을 수 있는 건 작품 속에다 눈물을 쏟아 부었기 때문에 배설의 효과로 더 이상 남은 슬픔이 없게 된 때문이다. 시는 그녀에게 그만큼 삶의 중요한 동반자이며 그녀에게 시가 존재해야 할 아름다운 이유일 것이다.

우리는 가끔 눈물을 보고 놀랄 때가 있다. 백일도 안 된 아가의 조그만 눈에 눈물방울이 맺힌다. 신기하고 놀랍다. 그때 그 아가의 눈물은 무엇일까. 무슨 의미를 담고 있을까? 그렇게 조그마한 아기가 눈물을 흘릴 수 있다는 건 무엇을 의미할까? 눈물이 인간에게 가장 먼저 생성되는 소통 수단은 아닐까. 눈물은 희노애락의 감정을 모두 품을 수가 있다. 김 시인의 시에 나타나는 다양한 눈물들은 다 읽어낼 수가 없다. 그녀의 눈물이 복잡하다. 여인의 눈물은 복잡할 수밖에 없는 것일까. 그러면 시인의 눈물을 어떻게 읽을까.

그녀의 눈물이 시 제목으로 쓰이는 경우도 있다. 「달맞이

꽃 눈물을 줍다」에서 화자는 달빛과 어울려 핀 노란꽃이 하얗게 변해버린 밤에 달맞이꽃에 번지는 슬픔을 온몸으로 감지한다. 그녀는 특이 체질이다. '굽은 등뼈에 칼금을 쳐대는 밤바람/평생마신 눈물을 땅속에 묻었다/쾅쾅 두드려도 열리지 않는 우물에서/동생을 꺼냈지만, 밤마다 울음이 솟구쳤다' (「칠성무당벌레」 부분) 우물에 빠져 죽은 동생을 산에다 묻고 내려오는 아버지의 끝없는 그리고 소리낼 수 없는 안타까운 눈물도 그려내고, '연꽃을 피우고 있는/자궁 속 눈물무늬를 마신다' (눈물무늬 찻잔) 에서 눈물은 도요의 가마 속에서 불꽃 무늬를 받고 몸이 생성되는 찻잔의 고통을 통해 시적 화자가 품는 지상에서 가장 아름다운 눈물을 보여주기도 한다. 다양한 눈물을 보이는 그녀는 눈물 낚시꾼이다.

이런 시인의 눈물은 어디에서 올까? 그 답은 지움이다. 지나 온 생에서 지워버리고 싶은 것으로부터 온다. 그것은 자신과 함께 존재하고 싶지 않은 무엇인가이다. 시인은 지워버리고 싶은 삶을 시로 쓴다. 그렇기 때문에 눈물이라는 매재를 통해 숙명처럼 여겨졌던 가난을 하나씩 지우고 그 자리에 시를 남긴다. 그녀의 시는 눈물이 남긴 얼룩이다.

김 시인이 가진 슬픔은 눈물로 흘려보내버리는 슬픔이 아니다. 오래 슬퍼했기에 그 슬픔을 극복해내는 방법을 익히 알고 있다. 슬픔을 지운 자리에 되려 자신의 삶에 역동적인 원동력으로 돌려 세우는 지혜를 남긴다. 그녀가 시를 쓰는 이유일 것이다.

슬프다는 것은 때로 거리에서
퉁퉁 불은 젖을 땅에 물리고 있는
새끼 잃은 어미 개를 보는 것이다
눈망울과 눈시울 사이 혹은 혀와 입술 사이
젖꼭지를 찾는 어린 울음이 쌓여
울컥해진 목마름을 해종일 참아내는 일이다

-「내 작은 슬픔에게」 1연

같은 시에서 시적화자는 '건널목에 얼룩진 한 덩이 주검을 수습하며/…어금니 새로 부서지는 저릿한 슬픔'을 경험하고 그 슬픔을 건너가는 방법으로 '발목에 걸려 무릎 깨어져도/가던 길을 마저 가야 하는 것'을 제시한다. '길 잃은 어린 새 울음을 듣'고 '어둠 앞에 함께 눈물 찍어내는' 일을 헤쳐 나가는 방법으로 '빠른 걸음을 가야하는 바람처럼/낮아지는 저물녘을 견뎌내는 힘'이 되는 것이라고 말한다. 이렇듯 화자는 슬픔의 힘으로 슬픔을 넘어서 새로운 세계로 나아가는 방법을 터득하고 있다. 오래 슬퍼해 본 자만이 가질 수 있는 지혜가 아니겠는가.

2.

김 시인은 자연을 사랑한다. 산천과 자연이 품고 있는 뭇 생명들, 새, 벌과 나비, 지렁이, 땅강아지… 그리고 숱한 풀

꽃들 곁에 그녀의 삶이 머물고 생각이 머문다. 바라보기라는 관찰자적 시선이 아니라 동거인적 체현으로 함께 가며 의미를 서로 나누는 경지다.

곤충이나 풀꽃들이 그녀 삶에 어떤 변화를 가져다주는지는 알 수 없으나 그들과의 만남을 정성으로 육화한다. 자연을 향하는 시인의 감성은 언제나 따뜻한 곳으로 쏠려 있다. 횡포한 인간의 손길이 멈춰서기를 바라는 간절함을 담기도 한다. 자연을 자연으로 두고 싶은 소망도 한 부분이다.

자연을 노래하는 심정도 슬픈 감정을 바탕에 깔고 있다. 그녀가 사물을 대하는 기본적인 태도다. 연민이라고나 할까 모든 대상을 바라 볼 때 그 속에 숨어 있는 연민을 찾으려고 노력한다. 사람들이 사물을 대할 때 일반인들은 이성적인 사고 즉 논리적인 생각으로 사물을 분석하고 해석하고 설명하려 든다. 그러나 시인은 다르다. 감성적인 사고, 즉 느낌으로 사물을 받아들인다. 일반인들이 사물과 일정한 거리를 유지하려 할 때 시인은 그것을 내부로 끌어 들여 육화 시킨다. 그것이 진정성이다. 그녀가 가진 감수성은 슬픔 쪽으로 15도 정도는 기울어져 있다. 그러기에 그녀의 포충망에 걸려 든 대상은 먼저 슬픈 감성으로 채색되어 독자들에게 연민을 요구한다. 눈사람을 사랑한 시인의 눈길도 그렇다.

'몇 날이나 빙판길을 헤매다 왔는가/머리가 희끗한 쉰 살의 남자/흙투성이 외투를 펄럭이며/무릎을 눈길에 묻고 있네

/직장을 잃었는가/한쪽 어깨가 허물어지네/싸락눈이 눈동자를 질러도/말없이 웃고만 섰네/끼니는 때웠을까/허공에다 빈 손을 흔드네/더는 갈 곳이 없는가/우두커니 길 위에 홀로 저무네/날마다 눈물이 되는 남자/지구 한 귀퉁이가 휘발되네

-「눈사람」 전문

파겟의 부담이론을 들먹이지 않더라도 시인은 슬픔에 대한 부채의식을 떨어내기 위해 눈물을 노래한다. 그의 모든 감각기관을 동원하여 사물이 지닌 슬픈 감성을 솟구쳐 올리려 한다. 시인은 자신의 외부에 산재해 있는 사물들과 만나는 순간이 바로 인식을 결정하는 시간이다. 어떻게 논리적으로 파악하고 재고 할 여유가 없이 즉각 반응하는 것이 시인이 가진 감수성이다. 그러기에 즉흥적이기도 하지만 이는 훈련된 특수한 감수성이다.

강물에 화폭을 펼쳐 놓는 빗방울
온 몸이 붓이다
바람 속을 달려가 부서지는 지문
입술로 그려지는 수면이 붉다
흔들리는 물이랑을 스케치할 때마다
파문으로 잘려나가는 핏빛 손금
비릿한 구름을 채색해 보지만
덧칠되는 허공은 언제나 팍팍하다

어룽지는 낯빛을 마주보는 빗방울
눈물자국은 몇 개 점으로 숨겨둔다
강을 홀로 건너시는 아버지
발바닥이 환해지는 물낯
뒤집히는 뒷굽은 목마른 여백이다
젖은 구두를 닦는 아버지 등 뒤에서
늘 유리창을 닦는 엄마
내 몸 얼룩을 읽는다

-「얼룩을 읽다」 전문

강물 위로 빗방울이 떨어져 무늬를 그린다. 그 무늬도 결국엔 눈물이 남긴 얼룩이다. 외출을 준비하는 아버지가 등 뒤에서 유리창을 닦으며 슬픔을 안으로 감추려는 어머니의 모습을 떠올릴 때 자신의 몸에 남겨진 점을 발견하고 그것은 부모가 물려 준 유산이다. 시인은 몸에 새겨진 얼룩을 지우기 위해 결국 시를 쓴다.

이런 아픔, 또는 슬픔을 시인은 도처에서 찾아 낸다. '작달비 몰려오는 날엔/한사코 엉겨 붙어/발버둥치는 안개 틈으로 쏟아내는/비릿하고 진득진득한 수음/살 냄새가 요상한 뭇 섬들/쉿, 철벅철벅 낮거리 중이다'(「섬 아무래도」 부분) 그녀가 그리는 에로티즘도 슬프다. 외롭게 떨어진 섬들이 홀로 수음하는 광경을 엿보고 만 것이다. 상대가 없는 낮거리 그것은 슬픈 현실이다. 시인이 눈물과 화해 형식으로서 느끼는 에로티즘이다. 그녀의 에로티즘은 눈물의 또 다른 저장 방식이 아닐까. 자연 속에서나 생활 속에서 발견해내는 그녀의 에로티즘은 추하지 않고 어쩐지 슬프다. 그렇다. 그녀는 에로티즘 속에서도 슬픔의 미학을 찾아내는 감성을 지녔다. 거기에도 눈물이 존재하한다는 걸 그녀는 말하려 했던 것이다.

> 참깨 한 됫박 이고 장에 가신 엄마 기다리며/고무줄놀이를 한다, 언니 것을 줄여 만든/헐렁한 치마/구멍 난 속옷이 보일까 봐/맘에도 없는 술래만 했다//
> 해거름이 다되어 돌아오신 엄마/이고 온 보퉁이에는 자반고등어 한 손뿐//
> 울다, 부엌으로 들어서는데/바닥에 앉아 보리밥으로 허기 때우는 엄마/낡은 치마 속에서 얼핏 보고 말았다/아버지 바지 꿰매 입은 속옷 사이/고등어무늬 같이 푸른 거웃
>
> -「자반고등어」 앞부분

술래잡기를 하는데 언니 치마를 줄여 만든 속옷이 보일까 봐 줄창 술래만 하는 아이, 장에 간 엄마가 참깨를 팔아 맛있는 군것질거리는 안 사오고 자반고등어만 사온 엄마에게 울음으로 투정을 부려 보지만 엄마는 종일 굶고 있다가 뒤늦게 부뚜막 앞에 앉아 밥을 먹고 있다. 아이는 자신의 속옷처럼 아버지 바지를 꿰매 입고 있는 엄마의 속옷을 보았

고 헐어터진 옷 틈사이로 고등어 무늬 같은 거웃을 보고 말았다. 에로티즘이라 하기엔 너무 슬픈 현실이 아닐 수 없다.

아래 작품도 슬프기는 마찬가지다. 화전밭을 일구다 늦둥이 한 번 보려고 문고리를 흔드는 아버지를 또한 엿보고 말았다.

이른 아침 대문 앞을 서성이며/늦둥이 한 번 더 바라보기 위해/문고리를 흔들고 있는/밤낮 화전 밭에 붙어사시던 아버지/뒷산 가시덤불 같은 손등을 보네

-「대문을 두드리는 짚신나물」 부분

누가 나를 끓게 해줬으면 좋겠다/한 번만이라도 혼이 빠진 채/늑골이 녹아내리도록/눈물이 바삭 졸아지도록/화끈하게 불탔으면 좋겠다

-「사과나무장작」 부분

미아리에 있는 588번지 집성촌을 대상으로 삼고 있는 「어둠속에 피는 꽃」도 그녀의 슬픈 에로티시즘을 피해가지 못한다. 자본에 팔려가는 아랫도리에 대해 '진열장 속에서 등골이 젖는 종이꽃/아랫도리를 흥정하고 있다' 고 담담하게 서술하고 있지만 그곳에 녹아 있는 아픔과 슬픔을 보여준다.

초여름 밤이 짧다고 창을 때리며 운다
속살 꽈악 꽉 안고 싶어 눈치 없이 운다

등 잔등 울룩불룩 거리며 발기되어 운다
때 없이 꼴린다고 꼴꼴꼴 대책 없이 운다

미친 듯
실성한 듯
하 고 시 퍼 하 고 시 퍼
환장하게 울고 분다

-「젊은 개구리」 전문

봄, 종족번식을 위해 짝을 찾는 개구리 울음을 멋지게 형상화한 작품이다. 여기에도 에로티즘이 적용되고 있으나 추하지 않고 도리어 슬프기까지 하다. 저 처절한 종족번식의 절규 앞에 누군들 엄숙해지지 않을 수 있겠는가. 시인의 솜씨가 발휘되는 부분이 바로 이런 형태의 서사구조를 지닌 시들이다. 에로티즘을 슬픔과 환치시켜 제대로 된 낯선 풍경들을 보여 줌으로써 긴장감과 전달력을 동시에 성취시키고 있다. 김 시인의 차별성이 느껴지는 부분이 바로 이와 같은 서사구조를 지닌 에로티즘의 시다. 아래 탁월한 시에서 그 부분을 충분히 확인할 수 있다.

몸속에 불꽃을 숨기고 있던 여인과
깊이 눈 맞아 단칸
지하 방에다 살림을 차린 적 있다